Ein Tribut an Senta Berger

Die illustrierte Biografie

© 27 Amigos Verlag

Ein strahlendes Lächeln, eine beeindruckende Präsenz und eine unvergleichliche schauspielerische Begabung - Senta Berger verkörpert all dies und noch viel mehr. Als eine der bekanntesten Schauspielerin ihrer Generation hat sie über sechs Jahrzehnte hinweg die Filmwelt und das Publikum gleichermaßen fasziniert. Von den Bühnen Wiens bis zu den großen Filmsets Europas hat Senta Berger mit ihrer Vielseitigkeit, ihrer Intensität und ihrem Charme die Herzen zahlloser Menschen erobert.

Diese Biografie lädt Sie ein, das faszinierende Leben von Senta Berger zu entdecken - von ihren Anfängen im Wiener Theater bis zu ihren Erfolgen auf der internationalen Bühne. Tauchen Sie ein in die Welt dieser außergewöhnlichen Frau, die mit ihrer Kunst die Herzen der Menschen berührt und die Filmgeschichte nachhaltig geprägt hat.

Im Bild: Senta Berger in den 60er Jahren

Senta Berger wuchs in Lainz, einem Stadtteil des 13. Wiener Gemeindebezirks, auf. Ihr Vater, Josef Berger, war Musiker, Komponist und Dirigent. Ihre Mutter, Therese Berger, geb. Jany, war Lehrerin.

Im Bild: Senta Berger in den 60er Jahren

Mit ihrem Vater trat Senta Berger bereits im Alter von vier Jahren auf. Er begleitete seine singende Tochter am Klavier. Mit fünf Jahren erhielt sie Ballett- und Ausdruckstanzunterricht bei Rosalia Chladek an der Akademie für darstellende Kunst in Wien.

Im Bild: Senta Berger in den 60er Jahren

Nach ihrer Kindheit in einer Substandardwohnung in der Lainzer Straße übersiedelte sie 1955 mit ihren Eltern in eine Gemeindebauwohnung in der nahe gelegenen Siedlung Lockerwiese.

Im Bild: Senta Berger in den 60er Jahren

Im Alter von 14 Jahren wandte sich Berger dem Theater zu und nahm privaten Schauspielunterricht. Zwei Jahre später verließ sie das Gymnasium Wenzgasse ohne Abschluss.

Im Bild: Senta Berger in den 60er Jahren im Film Cast A Gigant Shadow

Nach einem erfolgreichen Vorsprechen begann sie mit 16 Jahren als jüngste Studentin in der Geschichte des Max Reinhardt Seminars ein Schauspielstudium. Zu ihrem Jahrgang gehörten Marisa Mell, Elisabeth Orth, Heidelinde Weis und Erika Pluhar.

Im Bild: Senta Berger in den 60er Jahren

Sie musste das Seminar jedoch verlassen, nachdem sie ohne Erlaubnis der Direktion eine Rolle in dem amerikanischen Film Die Reise mit Yul Brynner angenommen hatte. Dies unterstützte sie in ihrem Bestreben nach einer Karriere als Schauspielerin.

Im Bild: Senta Berger in den 60er Jahren

Ihr Filmdebüt gab Berger 1950 in einer kleinen Rolle in der Erich-Kästner-Verfilmung Das doppelte Lottchen. 1957 wurde sie von dem Regisseur Willi Forst für die Filmkomödie Die unentschuldigte Stunde engagiert, in der sie eine Gymnasialschülerin spielte.

Im Bild: Senta Berger in den 60er Jahren

1958 wurde Berger jüngstes Mitglied am Wiener Theater in der Josefstadt. Ihre ersten Auftritte weckten das Interesse des Filmproduzenten Artur Brauner, der sie daraufhin für mehrere Filme verpflichtete, darunter Der brave Soldat Schwejk (1960) mit Heinz Rühmann.

Im Bild: Senta Berger im Jahr 1960 im Film The Good Soldier Schweiz zusammen mit Heinz Rühmann und Ernst Stankovski

Im Jahr 1962 siedelte Berger nach Hollywood über und drehte mit Charlton Heston, Frank Sinatra, Dean Martin, Richard Harris, George Hamilton, Kirk Douglas und John Wayne. Es folgten viele Filmproduktionen vor Ort.

Im Bild: Senta Berger im Jahr 1964 anlässlich des Films See How They Run

Mehrmals berichtete Senta Berger von sexuellen Übergriffen durch ihre Filmpartner. So habe O. W. Fischer während der Dreharbeiten zu dem Film Es muß nicht immer Kaviar sein (1961) versucht, sie in einem Hotel zu vergewaltigen. Auch gegen Kirk Douglas, Charlton Heston und Richard Widmark erhob Berger den Vorwurf, sie sexuell belästigt zu haben.

Im Bild: Senta Berger 1961 mit O. W. Fischer im Film Diesmal Muss Es Kaviar Sein

Senta Berger war zeitweise auch als Schlagersängerin tätig. Sie nahm zwei Singles für den deutschen Markt auf, die 1966 relativ kurz hintereinander erschienen. Mit Für Romantik keine Zeit gab sie ihr Debüt. Single girl war ihre zweite Schallplatte.

Im Bild: Senta Berger im Jahr 1966

Bei ihrem Debüt handelt es sich um die deutsche Version des gleichnamigen Songs von Sandy Posey, der sich in England kurzfristig in den Verkaufs-Charts platzieren konnte. 1968 spielte sie in dem dreiteiligen Fernsehkrimi Babeck von Herbert Reinecker, in dem sie das von Peter Thomas komponierte Lied Vergiß mich, wenn du kannst sang.

Im Bild: Senta Berger im Jahr 1966 im Film The Treasure of San Gennaro

Im Jahr 1967 war sie an der Seite von Alain Delon in dem deutsch-italienisch-französischen Thriller Mit teuflischen Grüßen als seine Ehefrau Christiane zu sehen. Der Film von Julien Duvivier basierte auf der literarischen Vorlage des Romans Manie de la persécution von Louis C. Thomas und gab Berger die Chance einer Hauptrolle.

Im Bild: Senta Berger im Jahr 1967 im Film Mit teuflischen Grüßen zusammen mit Alain Delon

1969 kehrte sie nach Europa zurück und war in den 1970er Jahren vor allem in italienischen Produktionen unterschiedlicher Genres zu sehen. Beispiele italienischer Produktionen aus dieser Zeit sind Causa di divorzio, Amore e ginnastica, Di mamma non ce n'è una sola und La bellissima estate.

Im Bild: Senta Berger im Jahr 1968 in Hollywood

1970 stand sie unter der Regie ihres Ehemannes Michael Verhoeven für Wer im Glashaus liebt … Der Graben erstmals in einem von ihrer eigenen Firma produzierten Film vor der Kamera.

Im Bild: Senta Berger im Jahr 1971 im Film Roma Bene

Im Jahr 1971 beteiligte sich Berger an der von Alice Schwarzer initiierten Medienaktion „Wir haben abgetrieben!" und war eine der auf einer Titelseite der Illustrierten Stern abgebildeten Frauen.

Im Bild: Senta Berger 1971 in der The Rolf Harris Show

Weitere, auch international erfolgreiche Filme, die ihre Firma produzierte, waren Die weiße Rose, Das schreckliche Mädchen und Mutters Courage nach dem gleichnamigen Theaterstück von George Tabori.

Im Bild: Senta Berger im Jahr 1972

Berger setzte sich 1972 im Wahlkampf für Willy Brandt ein. 1973 spielte sie im Film Der scharlachrote Buchstabe mit. Noch im gleichen Jahr folgte der Film Reigen und 1974 Der Mann ohne Gedächtnis.

Im Bild: Willy Brandt und Senta Berger beim Besuch der SPD-Wählerinitiative

Im Jahr 1963 lernte Senta Berger den damaligen Medizinstudenten und späteren Filmregisseur Michael Verhoeven kennen, den Sohn des Schauspielers und Regisseurs Paul Verhoeven. Am 26. September 1966 heirateten Berger und Verhoeven in München, nachdem sie im Jahr zuvor zusammen die Sentana-Filmproduktion gegründet hatten.

Im Bild: Senta Berger mit Ehemann Michael Verhoeven 1974

Von 1974 bis 1982 spielte Berger die Buhlschaft im Theaterstück Jedermann bei den Salzburger Festspielen an der Seite von Curd Jürgens und Maximilian Schell und ist damit die Darstellerin, die in dieser Rolle am längsten in Salzburg zu sehen war.

Im Bild: Senta Berger im Jahr 1980 beim Salzburg Festival zusammen mit Maximilian Schell

1981 war sie als Schauspielerin im Film Dantons Tod zu sehen. Sie spielte am Wiener Burgtheater in Rudolf Noeltes Inszenierung Tartuffe mit Klaus Maria Brandauer, am Thalia-Theater in Hamburg und am Schillertheater in Berlin.

Im Bild: Senta Berger im Jahr 1982 in der TV-Show Heut Abend

1982 spielte sie im Film Die Entscheidung mit. In den Jahren 1985/86 gelang ihr ein Fernseh-Comeback mit der Serie Kir Royal an der Seite von Franz Xaver Kroetz, Dieter Hildebrandt und Billie Zöckler.

Im Bild: Senta Berger im Jahr 1986 im Film Kir Royal

Das Album Wir werden sehn … konnte sich 1989 auf Platz 49 der Deutschen Albumcharts platzieren. Daneben trat Berger auch als Chansonsängerin und bei Leseabenden (etwa mit Fräulein Else) auf.

Im Bild: Senta Berger 1989 bei einem TV-Auftritt

Danach folgten weitere Hauptrollen im Fernsehen, etwa in den Serien Die schnelle Gerdi und Lilli Lottofee, beide unter der Regie ihres Mannes. Auch in den folgenden Jahren war dieser oftmals als Produzent an Filmen beteiligt, in denen sie als Schauspielerin mitwirkte.

Im Bild: Senta Berger im Jahr 1990 zusammen mit Caterina Valente und Pietro Valente am Set von Die schnelle Gerdi

Frank Beyer besetzte sie 1992 in dem zweiteiligen Ehedrama Sie und Er neben Reimar Johannes Baur in der Rolle der betrogenen Psychologin Charlotte. Im Jahr 1994 folgte der Film Gefangene Liebe.

Im Bild: Senta Berger im Jahr 1992 zusammen mit Reimar Johannes Baur im Film Sie und Er

Zur Jahrtausendwende stand Berger für die österreichische Fernsehproduktion Probieren Sie's mit einem Jüngeren unter der Regie von Michael Kreihsl vor der Kamera. 2000 spielte sie in der Produktion die Ärzte an der Seite von Friedrich von Thun mit.

Im Bild: Senta Berger im Jahr 2000 zusammen mit Friedrich von Thun als Ärzte Dr. Schwarz und Dr. Martin

Berger betätigt sich neben der Arbeit auf der Bühne und vor der Kamera auch als Synchronsprecherin. So lieh sie etwa 2002 Catherine Deneuve ihre Stimme in der deutschen Fassung von 8 Frauen.

Im Bild: Senta Berger mit ihrem Ehemann Michael Verhoeven 2002 bei der Verleihung des Deutschen Filmpreises in Berlin

Berger war 2003 Gründungsmitglied der Deutschen Filmakademie und von 2003 bis 2010 neben Günter Rohrbach die erste Präsidentin der Deutschen Filmakademie. 2004 und 2005 war sie an den deutschen Fernsehfilmen Die Konferenz und Einmal so wie ich will beteiligt.

Im Bild: Senta Berger bei der Nominierungen des Deutschen Filmpreises 2005 in Berlin

2009 erklärte sie sich bereit, als „Botschafterin" sowohl für die Tierschutzorganisation Pro Wildlife für den Schutz von Menschenaffen als auch für die José Carreras Leukämie-Stiftung tätig zu werden. Im gleichen Jahr erhielt Senta Berger den Deutschen Fernsehpreis.

Im Bild: Senta Berger 2009 bei der Verleihung des Deutschen Fernsehpreises

Von 2002 bis 2019 spielte sie die Polizeirätin und interne Ermittlerin Dr. Eva-Maria Prohacek in der ZDF-Krimireihe Unter Verdacht, für deren erste Folge Verdecktes Spiel sie im Jahr 2003 mit dem Grimme-Preis ausgezeichnet wurde.

Im Bild: Senta Berger 2010 mit Ulrich Tukur und Gerd Anthoff beim Settermin für die ZDF-Produktion - Unter Verdacht - Angstgegner

Im Jahr 2010 veröffentlichte Senta Berger ein Kochbuch mit dem Titel Rezepte meines Lebens. Im gleichen Jahr spielte sie im Film Ob ihr wollt oder nicht mit. Im deutsch-niederländischen Spielfilm spielte sie die Rolle der Dorothea Brühl.

Im Bild: Senta Berger 2010 mit ihrem neuen Rezeptbuch in Wien

Sie engagiert sich seit vielen Jahren im Kampf gegen Blutkrebs für die DKMS. Im Rahmen der DKMS Life trat sie 2010 als Sprecherin beim DKMS Life Ladieslunch auf. Im gleichen Jahr war sie im Film Colors in the Dark an der Seite von Bruno Ganz zu sehen.

Im Bild: Senta Berger mit Bruno Ganz 2010 im Film Colors In The Dark

Senta Berger wohnt mit ihrem Mann seit vielen Jahren im Grünwalder Ortsteil Geiselgasteig südlich von München, seit einiger Zeit auch in Berlin. Seit ihrer Hochzeit trägt sie den bürgerlichen Familienname Verhoeven. Der Ehe entstammen die beiden Söhne Simon (* 1972) und Luca (* 1979), die ebenfalls beim Film tätig sind.

Im Bild: Senta Berger 2010 mit Michael Verhoven und ihren beiden Söhnen Simon und Luca 2010 bei der Verleihung des Bayerischen Filmpreises

Nach ihrem 70. Geburtstag zeigte Das Erste im Juli 2011 ein 45-minütiges Porträt im Rahmen der Reihe Deutschland, deine Künstler. Im gleichen Jahr erhielt sie einen Stern auf dem Boulevard der Stars in Berlin.

Im Bild: Senta Berger erhält 2011 einen Stern auf dem Boulevard der Stars in Berlin

Im Jahr 2012 wurde sie von der SPD als Delegierte für die deutsche Bundespräsidentenwahl nominiert. Im gleichen Jahr wirkte sie in der deutschen Filmkomödie Zettl und dem deutschen Episodenfilm Ruhm mit.

Im Bild: Senta Berger 2012 bei der 15. Bundesversammlung im Berliner Reichstag zur Wahl des Bundespräsidenten

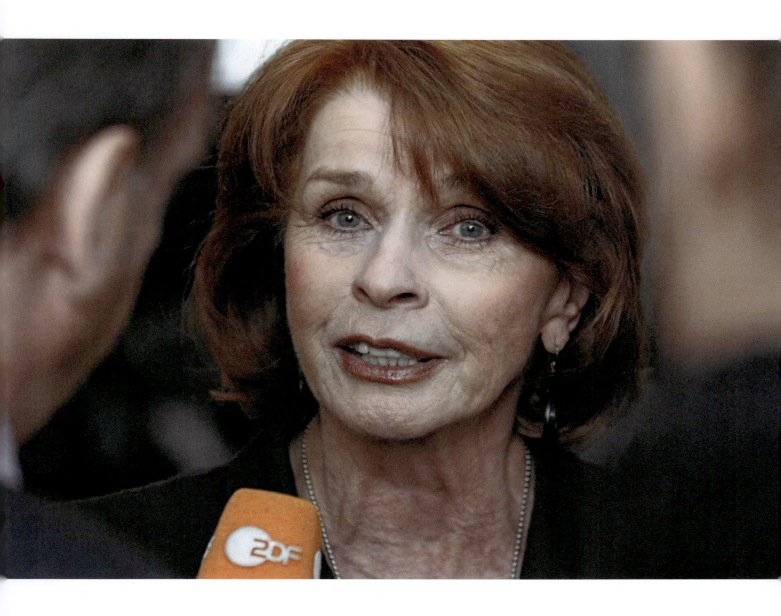

Im Jahr 2013 legte die österreichische Post eine Sonderbriefmarke mit einer Abbildung Bergers, gestaltet von Adolf Tuma, in der Reihe „Österreicher in Hollywood" auf. Im gleichen Jahr war sie in der ZDF-Sendung Terra X zu sehen.

Im Bild: Senta Berger 2013 beim Fototermin zur ZDF-Sendung Terra X - Geschichte der Schönheit im Museum für Abgüsse Klassischer Bildwerke in München

In der Filmkomödie Willkommen bei den Hartmanns spielte Berger 2016 die Rolle der Angelika Hartmann. Ein Jahr später folgte der Film Die Häschenschule – Jagd nach dem Goldenen Ei, bei der sie ihre Stimme zur Verfügung stellte. Anschließend folgte 2022 der Film Oskars Kleid.

Im Bild: Florian David Fitz, Marinus Hohmann, Palina Rojinski, Senta Berger, Sohn Simon Verhoeven, Eric Kabongo und Heiner Lauterbach bei der Filmpremiere von Willkommen bei den Hartmanns 2016 in Berlin

Mit einem bewegenden und beeindruckenden Lebensweg hat Senta Berger die Welt des Films und Theaters nachhaltig geprägt. Ihre außergewöhnliche Schauspielkunst, ihr Charisma und ihre Leidenschaft für die Kunst haben sie zu einer zeitlosen Legende gemacht. Von den großen europäischen Filmfestivals bis hin zu den Wohnzimmern unzähliger Zuschauer hat Senta Berger mit ihrer Darstellungskraft und ihrer einzigartigen Persönlichkeit die Herzen erobert.

Doch ihr Beitrag zur Gesellschaft geht weit über ihre schauspielerische Karriere hinaus. Senta Berger hat auch als Aktivistin und Kulturschaffende ihre Stimme erhoben, um für die Rechte und Freiheiten der Menschen einzutreten. Ihr Engagement für soziale Gerechtigkeit, Gleichberechtigung und kulturelle Vielfalt hat sie zu einer inspirierenden Persönlichkeit gemacht, die weit über die Grenzen der Unterhaltungsbranche hinaus Respekt und Bewunderung genießt.

Im Bild: Senta Berger mit Ehemann Michael Verhoeven bei der Verleihung des Deutschen Filmpreises 2023 in Berlin

Legal Notice

For questions and suggestions: 27AmigosVerlag@gmail.com

© 2023 by 27Amigos
L. Willnauer
Marktstrasse 10
80802 München

Alle Bilder sind urheberrechtlich geschützt. Sie dürfen nicht in irgendeiner Form (durch Fotokopie, Mikrofilm oder ein anderes Verfahren) ohne schriftliche Genehmigung des Verlages reproduziert oder unter Verwendung elektronischer Systeme gespeichert, verarbeitet, vervielfältigt oder verbreitet werden.

Texte vom Autor und teilweise aus: Wikipedia, Die freie Enzyklopädie. URL: https://de.wikipedia.org/

Der Text ist unter der Lizenz „Creative Commons Attribution/Share Alike" verfügbar. https://de.wikipedia.org/wiki/Wikipedia:Lizenzbestimmungen_Creative_Commons_Attribution-ShareAlike_3.0_Unported

Dieses Buch wurde vom Künstler oder Management nicht autorisiert.

Printed in the EU

ISBN 978-3-7505-3462-9

Photo credits

imago images/United Archives; imago images/United Archives; imago images/Everett Collection; imago images/Everett Collection; imago images/Everett Collection; imago images/Everett Collection; imago images/Everett Collection; imago images/Everett Collection; imago images/Everett Collection; imago images/Everett Collection; imago images / United Archives; imago/Cinema Publishers Collection; imago images/Everett Collection; imago/United Archives; imago/Cinema Publishers Collection; imago/ZUMA/Keystone; IMAGO/United Archives; imago/ADBP-MEDIA; imago/United Archives; imago images/Sven Simon; imago/ZUMA Press; IMAGO/United Archives; imago images/United Archives; IMAGO/United Archives; imago images/APress; imago images / United Archives; imago images / United Archives; imago stock&people; imago/Mauersberger; imago images/Eventpress; imago stock&people; imago/SKATA; imago images/Everett Collection; imago stock&people; imago images/Eventpress; imago stock&people; imago stock&people; imago images/Tinkeres; IMAGO/Eventflash

Printed in Poland
by Amazon Fulfillment
Poland Sp. z o.o., Wrocław